Almonds
are in the kitchen
IN DER KÜCHE
dans La Cuisine
están en la cocina

ALMOND
BOARD
of
CALIFORNIA

Copyright © 2001 ALMOND BOARD OF CALIFORNIA
All rights reserved. No part of this book may be reproduced or transmitted in any form or by any means, electronic or mechanical, including photocopying, recording, or by any information storage and retrieval system without permission in writing.

Almonds are in the kitchen is produced by the Almond Board of California.
Compiled and edited by the Almond Board of California (Modesto CA)
Design and layout by Dino Gay (Woodland CA)
Printed by Signature Press (Sacramento CA)

Library of Congress Cataloging-in-Publication Data:
Almond Board of California
   Almonds are in the kitchen/ by Almond Board of California
Library of Congress Control Number: 2001089682
ISBN 0-9710544-0-1

Almond Board of California
1150 Ninth Street, Suite 1500
Modesto CA 95354 USA

Contents Inhalt Sommaire Contenido

■ All about almonds 5

Appetizers and snacks 9
Sides and salads 14
Main dishes 19
Desserts 24
Roasting and toasting tips, forms 101

■ Alles über mandeln 29

Vorspeisen und snacks 33
Beilagen und salate 38
Hauptgerichte 43
Desserts 48
Tipps zum rösten, formen 101

■ Tout sur les amandes 53

Apéritif et snack 57
Salades et accompagnements 62
Plats de résistance 67
Desserts 72
Conseils pour griller vos amandes, formes 102

■ Todo acerca de las almendras 77

Aperitivos y snacks 81
Acompañantes y ensaladas 86
Platos principales 91
Postres 96
Trucos para tostarlas y dorarlas, formas 103

- In early spring, after a mild winter, the first almond blossoms appear.
- Im Frühjahr, nach der winterlichen Kälte, sprießen die ersten Mandelblüten.
- Dès le début du printemps, après les gelées, les premières fleurs des amandiers apparaissent.
- A principios de la Primavera despues de un invierno cálido brotan las primeras flores de almendra.

- As the fruit matures during summer, the shells harden and the hulls begin to split.
- Während des Sommers, wenn die Frucht reift, beginnt die Schale hart zu werden und das Fruchtfleisch teilt sich.
- Lors de la maturation du fruit en été, les coques durcissent, puis commencent à s'ouvrir.
- A medida que la fruta madura durante el verano, su cáscara se endurece y su caparazón comienza a agrietarse.

- In late summer, inshell almonds are mechanically shaken to the ground, where they are allowed to dry before being collected.
- Im späten Sommer werden die in der schale gereiften Mandeln mechanisch vom Baum geschüttelt, wo sie Zeit haben zu trocknen, bevor sie eingesammelt werden.
- A la fin de l'été, les amandes perdent leur coque. Les amandiers sont ensuite secoués par des vibreurs mécaniques. Une fois au sol, les amandes sont séchées avant d'être récoltées.
- Al final del verano se sacude mecánicamente a los almendros para que tiren la nuez, misma que se deja en el suelo por un tiempo para que se seque antes de ser cosechada.

Almonds
are in the kitchen

TRULY an international nut, almonds are thought of as both an important staple and cherished historical treasure in countries worldwide. From North America to Europe or Asia, almonds have maintained religious, ethnic and social significance for centuries. Mentioned as far back as the Bible, almonds are referenced as an object of value and a symbol of hope. Historically, almonds have been revered as a prized ingredient in breads served to Egypt's pharaohs and are the inspiration for several works of art. In ancient Europe, almonds were used commonly in cooking, not only for flavoring and as a thickening agent, but also to help with food digestion. Now a custom in various countries, "Jordan" almonds are given as gifts to represent fertility, happiness, romance, good health and fortune.

Almonds, with their rich history and folklore, are just as popular today. Their buttery flavor and irresistible crunch make them the perfect ingredient or snack worldwide. So, the next time you're in the kitchen, whether it's an appetizer, entrée or dessert you're preparing, don't forget to sprinkle, pour or mix in the almonds. When almonds are in the kitchen the possibilities are endless!

History of the almond

Although their exact ancestry is unknown, almonds are thought to have originated in China and Central Asia. Almonds served as a nutritious staple for explorers traveling along the "Silk Road" from Asia to the Mediterranean. Before long, almond trees flourished in the Mediterranean climate, particularly Spain and Italy, where they were widely cultivated.

It is commonly thought that almond trees were first planted in California by the Spanish Franciscan Padres in the mid-1700s. Initially, the trees did not flourish in the moist, cool weather of the coastal regions. As settlers moved inland they discovered the fertile soils of the Central Valley, which provided ideal growing conditions for almond trees. This area, nestled between the Sierra Nevada Mountains and Pacific Coast Range, is now home to one of the oldest and most beautiful flowering fruit trees. Almonds are planted on thousands of acres up and down the state and it is here that more than 75 percent of the world's supply of almonds is produced. These almonds are consumed in the United States and exported to nearly 80 countries around the world.

Nutrition and almonds

Categorized botanically as a fruit, the almond is an ancestor of stone fruits such as nectarines, peaches and plums. Almonds are available in more forms than any other nut. Plus, they are not only delicious, they are also nutritious. As part of a healthy diet, almonds supply energy and are low in saturated fat. They are cholesterol free, an excellent source of the antioxidant vitamin E and of magnesium. Almonds also offer protein, dietary fiber, phosphorous, calcium, copper and zinc.

The nutrients they supply, along with their irresistible flavor, make almonds a satisfying, wholesome snack and cooking ingredient. Any way you slice them, California almonds are an easy, delicious way to get nutrients you need every day.

Almonds are in the kitchen

Almond Board of California

For more than 50 years, The Almond Board of California has assisted its growers and handlers in improving growing practices, ensuring product safety and quality, and educating consumers on the nutritional value and versatility of California Almonds.

appetizers and snacks

California Almond Dip

- ¼ cup white bread, crusts removed
- 4 large sprigs of parsley, stalks removed
- ¾ cup ground California almonds
- 3 tablespoons lemon juice
- 4 tablespoons milk
- 1 tablespoon honey
- 2 tablespoons olive oil
- 2 cloves garlic, crushed
- ¾ cup plain yogurt
- Salt and pepper, to taste

Put bread and parsley in food processor and chop finely. Add the remaining ingredients and blend into creamy paste. Place in serving bowl and surround with vegetables of your choice.

Makes about 1½ cups.

Appetizers and snacks

■ Parmesan-Herb Almonds

- ¾ cup grated Parmesan cheese
- 1 tablespoon Italian herb seasoning, ground
- 1½ teaspoon garlic powder
- ½ teaspoon paprika
- ½ teaspoon salt, or to taste
- 2 egg whites
- 2 cups whole natural California almonds

Preheat oven to 325° F. In a small bowl, mix all ingredients except egg whites and almonds; set aside. In large bowl, whisk egg whites until they begin to form soft peaks and are opaque. Add almonds; toss to coat. Add cheese mixture; toss gently to coat evenly. Oil, or coat a baking sheet with vegetable cooking spray. Arrange almonds on baking sheet in single layer. Bake in center of oven 15 minutes. Gently toss almonds and arrange again in single layer. Continue to bake 15 minutes longer; toss gently. Turn off oven. Leave almonds in oven with door ajar 20 minutes. Remove from oven; cool completely.

Makes about 2 cups.

Nutty Toasted Snack Mix

- 1 cup whole natural California almonds
- 2 cups wheat, rice or corn squares cereal
- 1½ cup small pretzels
- 1 cup toasted oat cereal
- 1 cup sesame sticks, optional
- 2 teaspoons garlic powder
- ¼ cup butter, melted

Spread almonds in a single layer in shallow pan. Place in cold oven; toast at 350° F, 8-12 minutes, stirring occasionally, until lightly toasted. Remove from pan to cool. Toss together all ingredients except butter. Drizzle with butter and toss to coat evenly. Spread mixture in a shallow pan and bake at 350° F, 10 minutes, stirring occasionally, until lightly toasted. Cool. Store in airtight container.

Makes 6½ cups.

Appetizers and snacks

■ Dried Tomato Almond Tapenade

2	cups dried tomato halves
	Hot water for reconstituting
⅔	cup whole natural California almonds, toasted
⅓	cup water
1	can (2¼ oz) sliced ripe olives, drained
12	tablespoons olive oil
1	tablespoon dried basil
1	tablespoon lemon juice
2	large garlic cloves, coarsely chopped
	Salt, to taste

In bowl, cover tomatoes with hot water; set aside at least 30 minutes. Meanwhile, place almonds in bowl of food processor; process, pulsing on and off until coarsely chopped. Remove almonds; set aside. Drain tomatoes and add to bowl of processor with remaining ingredients, except almonds and salt. Process until almost smooth. Add almonds; pulse on and off to blend thoroughly. Season with salt. Add more oil as necessary to adjust to a smoother consistency. The spread will thicken over time. Serve with baguette slices, crackers and raw vegetable pieces, or use as a sandwich spread. Cover and refrigerate up to 2 weeks. Bring to room temperature before serving.

Makes about 1½ cups.

sides and salads

Sides and salads

■ Almond Harvest Salad

- 3 cups cooked white and wild rice (use 1 cup dried rice mix)
- 2 oranges, peeled and sectioned
- 1 apple, chopped
- 2 tablespoons currants
- ¼ cup finely diced red onion
- 2 cups cooked cubed chicken breast
- ½ cup whole natural California almonds, toasted
  Light Orange Dressing

Combine all ingredients, except Light Orange Dressing, in mixing bowl. Toss with dressing; mix thoroughly. Chill 2-3 hours to allow flavors to blend.

Serves 4.

Light Orange Dressing

- ⅓ cup almond or olive oil
- ¼ cup fresh orange juice
- 1 tablespoon chopped parsley
- 2 teaspoons lemon juice
- ½ teaspoon salt
- ⅛ teaspoon black pepper

Combine all ingredients in mixing bowl. Whisk until thoroughly blended.

Soufflé Potatoes with Almonds

- 4 medium potatoes
- ¼ cup butter
- ⅓ cup milk
- 2 eggs
- ¼ cup ground California almonds
- ½ cup grated Emmental cheese
- 4 tablespoons natural sliced California almonds
- Salt and pepper, to taste

Wash potatoes but do not peel. Place in saucepan of cold salted water and boil for 40-50 minutes until cooked or microwave them wrapped in plastic 7-8 minutes. Heat oven to 350° F. Grease an 8 x 5.5 inch ovenproof dish with 2 tablespoons butter. When potatoes are cooked, cut off lid lengthwise in each potato and scoop out flesh into mixer's bowl. Mix potatoes to a puree and add the butter, milk, salt and pepper. Separate egg yolks from whites. Mix the egg yolks with the puree, ground almonds and cheese. Whisk egg whites until stiff. Fold delicately into puree. Pour mixture into the prepared baking dish. Sprinkle sliced almonds over the top, pressing them slightly. Bake in middle of oven 20-25 minutes until golden and rise in a soufflé. Serve immediately.

Serves 4.

Sides and salads

■ Warm Broccoli and Cauliflower with Almond Vinaigrette

1 cup broccoli
1 cup cauliflower
½ cup natural sliced California almonds, toasted
Vinaigrette

Break broccoli and cauliflower into small florets and cook in boiling salted water for 5 minutes. Drain thoroughly, put in bowl and set aside. Meanwhile, to make dressing, put all ingredients in a closed container and shake vigorously until mixed. Add almonds to the bowl with the dressing and toss on vegetables until well coated.

Serves 4.

Vinaigrette

1½ tablespoon almond or olive oil
1 tablespoon white wine vinegar
1 tablespoon grain mustard
½ teaspoon granulated sugar
1 hot red chili, de-seeded and sliced
2 tablespoons chopped chives
Salt, to taste

■ Asparagus Spears with Creamy Almond Sauce

- 1 pound asparagus spears
  Salt
- ⅓ cup natural chopped California almonds
- 4 dill sprigs
- 2 tablespoons almond or olive oil
- 1 tablespoon lemon juice
- ½ teaspoon honey
- 5 tablespoons plain yogurt
  Salt and pepper, to taste

Break off tough ends of asparagus stalks. Cook asparagus in boiling salted water, 7-9 minutes until tender. Remove from pan and place on serving plate. Meanwhile, make sauce by placing almonds and all but 1 sprig of dill in a food processor and chop finely. Add remaining ingredients and blend to a desired consistency, adding a little milk to thin if necessary. Spoon the sauce over asparagus and garnish with remaining dill.

Serves 4.

main dishes

Almonds are in the kitchen

California Almond Fettuccine

8	oz very thin egg noodles
⅛	cup butter or margarine
½	cup grated Parmesan cheese
¾	cup blanched slivered California almonds, toasted
½	cup whipping cream, whipped
2	tablespoons sliced green onions
	Salt and pepper, to taste

Cook noodles in boiling salted water in large saucepan as package directs. Turn into colander to drain. In same pan, melt butter; stir in noodles. Heat and gently toss 2 minutes. Add remaining ingredients. Toss lightly to mix. Serve at once.

Serves 4.

Main dishes

■ Sliced Chicken on Couscous with Almonds and Raisins

- 1/4 cup whole natural California almonds
- 4 tablespoons almond or olive oil
- 1 2/3 cup couscous
- 1/2 cup raisins
- 2 small sliced leeks
- 1/2 teaspoon cinnamon
- 1/2 teaspoon salt
- 1 lb chicken breast, sliced

Roast almonds in a pan without oil until fragrant. Allow to cool and then chop. Preheat 2 teaspoons oil in a pan, roast couscous and California almonds until couscous is fragrant. Remove from stove. Add 2 cups of water, raisins, sliced leek, cinnamon and salt. Cover pan tightly and let stand for 20 minutes. Fry sliced chicken in remaining oil. Prepare couscous for four servings and add chicken breast on top.

Serves 4.

■ Almond Jade Stir-Fry

- 1½ tablespoon vegetable oil, divided
- 2 cloves garlic, halved
- ¼ cup whole blanched California almonds
- 8 cups assorted vegetables, thinly sliced (choose from carrots, mushrooms, bell peppers, snow peas, celery, broccoli and green beans)
- ¾ cup water
- 2 tablespoons soy sauce
- 1¾ tablespoon cornstarch
- 2 teaspoons hot chili sauce
- Salt and pepper, to taste

Heat 1 tablespoon of oil and garlic in large nonstick skillet over medium heat. Add almonds; cook and toss about 8 minutes, until lightly browned, removing garlic after 4 minutes. Remove almonds with slotted spoon; set aside. Add the remaining oil to skillet; increase heat to high and add vegetables. Stir-fry, tossing often about 5 minutes until crisp-tender. Reduce heat to medium. In small bowl combine remaining ingredients except salt and pepper; mix thoroughly. Add soy sauce mixture to vegetables; cook until heated through, about 2 minutes. Season with salt and pepper. Mix in almonds. Serve with steamed rice.

Serves 4.

Main dishes

■ Grilled Salmon with Almonds

- 4 salmon steaks
- 4 tablespoons curry powder
- 2 tablespoons almond or olive oil
- 1½ cup mixed lettuce greens
- 1 small papaya
- ¼ medium red onion
- 1 tomato
- 10 sprigs coriander
- 4 tablespoons almond oil
- 2 tablespoons raspberry vinegar
- ⅓ cup natural chopped California almonds
  Salt and pepper, to taste

Salt and pepper salmon steaks then rub with curry powder. Grease steaks with almond or olive oil and set aside. Wash greens. Peel papaya, cut in halves and core with a spoon. Then, cut papaya in fours; keep a few slices for decoration and dice the rest. Peel onion and cut into fine slices. Dice tomato and chop coriander. Toss diced papaya, onion, tomato and chopped coriander with lettuce. Marinate salad mixture with almond oil and raspberry vinegar. Salt and pepper to taste. Grill steaks in a pan on both sides for 3-5 minutes. Serve on salad. Sprinkle with almonds and decorate with papaya slices.

Serves 4.

desserts

Desserts

■ Almond Cereal Bars

1¾	cup jumbo rolled oats
2	tablespoons bran
½	cup brown sugar
¼	cup margarine
4	tablespoons honey
1	cup whole natural California almonds, chopped
½	cup prunes and apricots, finely chopped

Preheat oven to 375° F. Grease and line a 7 inch (18 cm) square tin. Place oats and bran in mixing bowl. Warm the sugar, margarine and honey in a saucepan until melted. Pour the sugar mixture into the dry ingredients, stirring well. Stir in the almonds, prunes and apricots and then put into prepared tin. Bake for 20-25 minutes until golden brown and set. Cut into bars and leave to cool.

Makes 8 bars.

Almond Chocolate Truffles

- ½ cup ground California almonds
- ¼ cup natural sliced California almonds
- ¼ cup dried apricots, finely chopped
- ⅓ cup white bread crumbs
- 4 tablespoons almond liqueur or apricot brandy
- ⅔ cup milk or plain chocolate, broken into pieces
- ¼ cup natural chopped California almonds, toasted

Mix together the ground and sliced almonds, apricots, bread crumbs and almond liqueur or apricot brandy. Form into a ball and knead lightly for a few minutes. Divide the mixture into 14 equal pieces and roll into small balls. Chill for 10-15 minutes. Melt the chocolate in a bowl placed over a pan of gently simmering water. Using forks coat the almond balls with chocolate, one at a time, lifting them onto a wire rack. Sprinkle with chopped almonds and chill to set the chocolate.

Makes 14 truffles.

Desserts

■ Financier Cakes

- ²/₃ cup butter
- ¼ cup softened butter for greasing tins
- 1²/₃ cup flour
- 1²/₃ cup powdered sugar
- 1 cup ground California almonds
- 1 pinch of salt (or ⅛ teaspoon)
- 4 egg whites
- ²/₃ cup natural sliced California almonds

Heat oven to 410° F. Grease 15 small muffin or financier cake tins using a pastry brush and soft butter. Melt butter in a small saucepan; it will brown slightly but do not let it turn black. Leave to cool. Thoroughly mix flour, powdered sugar, ground almonds and salt in a mixing bowl. Make a well in the center. Pour in egg whites and mix in gradually using a wooden spoon until you have a smooth, even mixture. Drizzle in butter while continuing to beat mixture until it is smooth. Divide out mixture into cake tins, filling them to ¾ of their depth. Sprinkle sliced almonds on top of each. Place tins on baking tray. Bake 15 minutes on middle shelf. Lower temperature to 350°F and cook for 5 more minutes. Turn off oven and leave cakes inside for 3 minutes. Remove cakes from mold and place on wire rack to cool.

Makes 15 small cakes.

Almond Butter Crunch Cookies

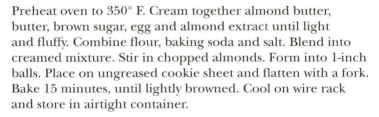

- 1 cup creamy almond butter (recipe below)
- ½ cup butter, softened
- 1 cup light brown sugar, packed
- 1 large egg
- ½ teaspoon almond extract
- 1½ cup flour
- ½ teaspoon baking soda
- ½ teaspoon salt
- ½ cup natural chopped California almonds, roasted

Preheat oven to 350° F. Cream together almond butter, butter, brown sugar, egg and almond extract until light and fluffy. Combine flour, baking soda and salt. Blend into creamed mixture. Stir in chopped almonds. Form into 1-inch balls. Place on ungreased cookie sheet and flatten with a fork. Bake 15 minutes, until lightly browned. Cool on wire rack and store in airtight container.

Makes approximately 4 dozen cookies.

Almond Butter

- 1⅓ cup whole natural almonds, toasted
- ¼ teaspoon salt
- 4½ tablespoons almond or vegetable oil

In food processor, grind almonds and salt until fine. With motor running, add oil in slow, steady stream until almond butter forms. Makes 1 cup.

Mandeln
IN DER KÜCHE

ALS WIRKLICH internationale Nußsorte gelten
Mandeln überall in der Welt nicht nur als wichtiges
Grundnahrungsmittel, sondern auch als seit jeher
begehrte Delikatesse. Ob in Nordamerika, Europa oder
in Asien, seit Jahrhunderten haben die Mandeln sich
ihre religiöse, ethnische und soziale Bedeutung

Mandeln in der küche

bewahrt. Schon in der Bibel finden sie Erwähnung als Kostbarkeit und Symbol der Hoffnung. Zu allen Zeiten der Geschichte waren Mandeln beliebt, zum Beispiel wurden sie von den ägyptischen Pharaonen als Zutat zum Brot geschätzt oder inspirierten sogar Kunstwerke. In Europa wurden Mandeln in alter Zeit gemeinhin in der Küche verwendet, nicht nur als Aromastoff oder Verdickungsmittel, sondern auch als Verdauungshilfe. Heute ist es in zahlreichen Ländern üblich, "Jordan"-Mandeln als Symbol von Fruchtbarkeit, Glück, Romantik, Gesundheit und Wohlstand zu verschenken.

Bis heute haben Mandeln mit ihrer reichen Geschichte und Volkstümlichkeit weltweit nichts von ihrer Popularität eingebüßt und sind dank ihrem Buttergeschmack und unvergleichlichem Biß perfekt als Zutat oder zum Knabbern. Wenn Sie also das nächste Mal in der Küche etwas zubereiten - egal ob Vorspeise, Hauptspeise oder Nachspeise -, dann vergessen Sie nicht, es mit Mandeln zu bestreuen oder welche darunter zu mischen. Mandeln in der Küche bieten einfach unendliche Möglichkeiten!

Alles über mandeln

Geschichte der mandel

Auch wenn ihre genaue Herkunft unbekannt ist, glaubt man, daß die Mandeln aus China und Zentralasien herstammen. Schon den Forschungsreisenden entlang der "Seidenstraße" von Asien bis zum Mittelmeer waren sie ein gehaltvolles Nahrungsmittel. Es dauerte nicht lange und Mandelbäume blühten im mediterranen Klima, insbesondere in Spanien und Italien, wo sie noch heute verbreitet sind.

Nach Kalifornien wurden die ersten Mandelbäume von spanischen Franziskaner-Padres in der Mitte des 18. Jahrhunderts gebracht. Zunächst gediehen die Bäume nicht bei dem feuchten, kühlen Wetter der Küstenregionen. Landeinwärts ziehende Siedler entdeckten dann die fruchtbare Erde der Zentralebene als idealen Anbauboden für Mandelbäume. Bis heute ist dort – geschützt zwischen der Sierra Nevada und den Gebirgszügen der Pazifikküste – eine der ältesten und am schönsten blühenden Obstbäume zuhause. Mandeln wachsen auf endlosen Flächen landauf und landab in Kalifornien, wo über 75 Prozent der Mandelproduktion der Welt geerntet wird. Konsumiert werden diese Mandeln nicht nur in den USA, sondern werden auch in fast 80 Länder rund um den Erdball exportiert.

Mandeln in der küche

Ernährung und mandeln

Botanisch als Frucht kategorisiert, ist die Mandel ein Vorläufer von Kernobst wie Nektarinen, Pfirsichen und Pflaumen. Mandeln gibt es in mehr Formen als irgendeine andere Nuß. Zudem sind sie nicht nur köstlich, sondern auch nahrhaft. Als Teil einer Diät liefern sie Energie und verfügen über einen geringen Wert an gesättigten Fettsäuren. Sie sind cholesterinfrei und eine hervorragende Quelle des Antioxidans Vitamin E, sowie von Magnesium. Darüber hinaus versorgen sie uns mit Protein, Ballaststoffen, Phospor, Kalzium, Kupfer und Zink.

Dank ihres Nährstoffgehalts und unwiderstehlichen Geschmacks sind Mandeln geschätzt als bekömmlicher Snack und als Zutat beim Kochen. Wie sie auch geschnitten werden, kalifornische Mandeln sind immer ein einfacher und schmackhafter Weg, sich die täglich benötigten Nährstoffe zu beschaffen.

Almond Board of California

Seit über 50 Jahren steht das Almond Board of California seinen Pflanzern und Händlern zur Seite mit dem Ziel, die Pflanzgewohnheiten zu verbessern, Produktsicherheit und Qualität zu gewährleisten und Verbraucher über Nährwert sowie Vielseitigkeit kalifornischer Mandeln zu informieren.

VORSPEISEN UND SNACKS

■ Californischer Mandel Dip

- 20 g Weißbrot ohne Kruste
- 4 große Zweige Petersilie ohne Stiele
- 75 g gemahlene Californische Mandeln
- 45 ml Zitronensaft
- 60 ml Milch
- 15 ml Honig
- 30 ml Olivenöl
- 2 Knoblauchzehen, gepresst
  Salz und Pfeffer
- 175 ml Joghurt

Das Brot und die Petersilie mit einer Küchenmaschine fein zerkleinern. Die restlichen Zutaten hinzufügen, bis eine cremige Paste entsteht. In einer Schale anrichten, nach Belieben mit Gemüse oder Salat dekorieren.

Ergibt etwa 400 ml.

Vorspeisen und snacks

■ **Parmesan-Kräuter Mandeln**

70 g geriebener Parmesankäse
5 g Italienische Kräutermischung
8 g Knoblauchpulver
2 g Paprika
10 g Salz
2 Eiweiß
300 g ganze, naturbelassene Californische Mandeln

Den Backofen auf ca. 160 Grad vorheizen. Alle Zutaten bis auf das Eiweiß und die Mandeln in einer kleinen Schale vermischen und zur Seite stellen. Das Eiweiß in einer großen Schüssel schlagen, bis es beginnt, steif und milchig zu werden. Die Mandeln darunter heben, bis alle mit dem geschlagenen Eiweiß überzogen sind. Die Käsemischung ebenfalls vorsichtig, gleichmäßig darunter heben. Backblech einfetten oder mit Backpapier auslegen. Die Mandeln auf dem Backblech verteilen und auf mittlerer Einschubhöhe 15 Minuten backen. Dann die Mandeln wenden und wieder gleichmäßig verteilen. Weitere 15 Minuten backen und erneut wenden. Den Backofen ausschalten, die Mandeln noch bei offener Backofentür 20 Minuten ziehen lassen. Dann aus dem Ofen nehmen und abkühlen lassen.

Ergibt 300 g.

Knusprig Gerösteter Snack-Mix

150 g ganze, naturbelassene Californische Mandeln
100 g Weizen-, Reis- oder Maiscerealien
75 g kleine Salzbrezeln
100 g geröstete Hafercerealien
100 g Sesamsticks, nach Belieben
10 g Knoblauchpulver
60 g zerlassene Butter

Die Mandeln in einer flachen Backform verteilen. In den nicht vorgeheizten Ofen geben, bei 175 Grad 8-12 Minuten unter gelegentlichem Wenden rösten, bis sie leicht gebräunt sind. Aus der Form nehmen und abkühlen lassen. Alle Zutaten bis auf die Butter miteinander vermischen. Mit der Butter beträufeln, gleichmäßig vermischen. Die Mischung in einer flachen Backform ausbreiten, bei 175 Grad 10 Minuten lang unter gelegentlichem Umrühren backen, bis sie leicht geröstet ist. Abkühlen lassen und in luftdichten Behältern aufbewahren.

Ergibt etwa 450 g.

Vorspeisen und snacks

■ Mandel-Tomaten-Paste (Tapenade)

100 g getrocknete Tomaten
   Heißes Wasser zum Einweichen
100 g ganze Californische Mandeln, geröstet
80 ml Wasser
1   Dose reife (70 g.) Oliven, in Scheiben, abtropfen lassen
180 ml Olivenöl
10 g getrocknetes Basilikum
15 ml Zitronensaft
2   große Knoblauchzehen, grob gehackt
    Salz nach Belieben

Die Tomaten in eine Schüssel mit dem heißen Wasser geben und mindestens 30 Minuten stehen lassen. In der Zwischenzeit die Mandeln in eine Küchenmaschine geben, an- und ausschalten, bis sie grob zerhackt sind. Die Mandeln herausnehmen und zur Seite stellen. Dann die Tomaten abtropfen lassen und zusammen mit den anderen Zutaten bis auf die Mandeln und das Salz in den Mixer geben. Mixen, bis die Paste fast glatt ist. Die Mandeln hinzufügen, an- und ausschalten, um das Ganze grob zu vermischen. Mit Salz abschmecken. Um die Paste geshmeidiger zu machen, mehr Öl hinzugeben. Die Paste wird nach einiger Zeit dickflüssig. Mit Baguette, Cräckern oder rohen Gemüsestreifen servieren, oder als Brotaufstrich verwenden. Im Kühlschrank abgedeckt bis zu 2 Wochen haltbar. Bei Zimmertemperatur servieren.

Ergibt etwa 400 g.

BEILAGEN UND SALATE

Beilagen und salate

■ Salat "Mandelernte"

300 g gekochter weißer und wilder Reis (oder 180 g getrockneter Reis-Mix)
2   Orangen, geschält und geteilt
1   klein geschnittener Apfel
20 g Johannisbeeren
1   mittlere rote Zwiebeln, fein geschnitten
400 g gebratene und gewürfelte Hähnchenbrust
75 g naturbelassene Californische Mandeln, geröstet
    Leichtes Orangendressing

Alle Zutaten außer dem Leichten Orangendressing in einer Schüssel mischen. Dressing darüber geben; gründlich durchmischen. 2-3 Stunden kalt stellen, damit der Geschmack durchzieht.

Leichtes Orangendressing

80 ml Mandel- oder Olivenöl
60 ml frischer Orangensaft
5   g Petersilie
10 ml Zitronensaft
10 g Salz
1   Prise schwarzer Pfeffer

Alle Zutaten in einer Schüssel mischen. Gründlich verrühren.

Zutaten für 4 Personen.

Kartoffelsoufflé mit Mandeln

- 4 mittelgroße Kartoffeln
- 30 g Butter
- 75 ml Milch
- 2 Eier
- 25 g gemahlene californische Mandeln
- 50 g geriebener Emmentaler
- 20 g californische Mandelblättchen
- Salz und Pfeffer

Die gewaschenen Kartoffeln ungeschält in einem Topf mit Salz-Wasser ca. 40-50 Minuten garen oder sie in Alufolie eingewickelt 7-8 Minuten in der Mikrowelle zubereiten. Den Backofen auf 350 Grad vorheizen. Eine feuerfeste Form (24 x 14 cm) mit 2 Teelöffel Butter einfetten. Das obere Drittel der Kartoffeln längs abschneiden. Die Kartoffeln aushöhlen und das Kartoffel-Innere in eine Rührschüssel geben. Die Kartoffelmasse pürieren und mit Butter und Milch gut mischen. Mit Salz und Pfeffer würzen. Eigelb vom Eiweiß trennen und das Eigelb mit dem Püree sowie den gemahlenen Mandeln und dem Käse vermischen. Das steif geschlagene Eiweiß vorsichtig unterrühren. Die Masse in die vorgefertigte Ofenform geben. Die Mandelblättchen darüber streuen und leicht eindrücken. Im vorgeheizten Backofen auf mittlerer Einschubleiste für 20-25 Minuten garen lassen, bis das Soufflé aufgegangen und goldbraun ist. Sofort servieren.

Für 4-6 Personen.

Beilagen und salate

■ Warmer Brokkoli und Blumenkohl mit einer Mandel-Vinaigrette

250 g Brokkoli
250 g Blumenkohl
50 g Californische Mandelblättchen, angebräunt
   Vinaigrette

Brokkoli und Blumenkohl in kleine Röschen brechen und 5 Minuten lang in Salzwasser kochen. Gründlich abtropfen lassen, in eine Schüssel geben und zur Seite stellen. In der Zwischenzeit alle Zutaten für das Dressing in einen geschlossenen Behälter geben und zum Mischen gut schütteln. Mandeln in die Schüssel mit dem Dressing geben und das Ganze über das Gemüse geben, bis es gut bedeckt ist.

Zutaten für 4 Personen.

Vinaigrette

20 ml Olivenöl
15 ml Weißweinessig
10 g körniger Senf
5 g Kristallzucker
1 rote Pepperoni, entkernt und in Scheiben geschnitten
20 g gehackter Schnittlauch
   Salz

Spargelspitzen mit Cremiger Mandelsauce

500 g Spargelspitzen
Salz
50 g Californische Mandeln, gehackt
4 Dillzweige
30 ml Mandel- oder Olivenöl
15 ml Zitronensaft
3 ml Honig
75 ml Joghurt
Salz und Pfeffer

Harte Enden der Spargelstangen entfernen. Spargel in kochendem Salzwasser 7-9 Minuten lang kochen, bis er bissfest ist. Aus dem Topf nehmen und auf einer Servierplatte anrichten. In der Zwischenzeit Sauce zubereiten: Mandeln und alle bis auf einen Dillzweig im Mixer gründlich zerkleinern. Restliche Zutaten hinzufügen und glatt rühren. Falls erforderlich, ein bisschen Milch zum Verdünnen hinzufügen. Die Sauce mit dem Löffel über den Spargel verteilen und mit dem übrigen Dill garnieren.

Zutaten für 4 Personen.

Mandeln in der küche

■ Californische Mandelfettucini

225 g sehr dünne Eiernudeln
30 g Butter oder Margarine
40 g geriebener Parmesan
75 g abgezogene Californische Mandeln, in Streifen geschnitten und geröstet
125 ml Schlagsahne, geschlagen
20 g grüne Zwiebeln in Scheiben
    Salz und Pfeffer je nach Geschmack

Nudeln gemäß Packungsanweisung in einem Topf mit Salzwasser kochen. Zum Abtropfen in ein Sieb geben. Butter im selben Topf schmelzen, Nudeln dazugeben und rühren. 2 Minuten lang bei leichter Hitze rühren. Übrige Zutaten hinzufügen. Zum Mischen leicht umrühren. Sofort servieren.

Zutaten für 4 Personen.

Hauptgerichte

Hähnchenstreifen auf Couscous mit Mandeln und Korinthen

- 40 g Californische Mandeln
- 60 ml Olivenöl
- 250 g Couscous
- 75 g Korinthen
- 2   Frühlingszwiebeln in Ringe geschnitten
- 2   g Zimt
- 10 g Salz
- 500 g Hähnchenbrustfilets

Die Californischen Mandeln in einer Pfanne ohne Fett einige Minuten unter Wenden rösten, bis sie rundum leicht gebräunt sind. Sofort von der Platte nehmen, auskühlen lassen und hacken. 10 ml Öl in einer Bratpfanne bei mittlerer Temperatur erhitzen. Der Couscous und die californischen Mandeln darin 4-5 Minuten unter Rühren rösten, bis der Couscous sein Aroma voll entfaltet hat. Von der Platte nehmen. Den Couscous mit 500 ml kochendem Wasser aufgießen, Korinthen, Zwiebelringe, Zimt und Salz unterrühren. Einen dicht schließenden Deckel auflegen und die Couscouspfanne für 20 Minuten beiseite stellen. Wenn der Couscous fast fertig gequollen ist, die Hähnchenbrustfilets im restlichen Öl braten, dann in Streifen schneiden. Den gequollenen Couscous mit einer Gabel auflockern und auf vier Teller verteilen, obenauf die Hähnchenstreifen geben.

Alternativ kann der Couscous auch mit Frühlingsgemüse-Ragout oder gegrillten Gemüse-Tofu-Spießen servieren.

Zutaten für 4 Personen.

Mandeln in der küche

Mandel-Jade-Pfanne

- 20 ml Pflanzenöl, getrennt
- 2 Knoblauchzehen, halbiert
- 40 g ganze, abgezogene Californische Mandeln
- 800 g verschiedene, dünne Gemüsestreifen (z.B. Karotten, Pilze, Paprika, Erbsen, Sellerie, Brokkoli, oder grüne Bohnen)
- 200 ml Wasser
- 30 ml Sojasoße
- 10 g Maisstärke
- 10 ml Chilisoße, scharf
- Salz und Pfeffer nach Belieben

15 ml Öl mit dem Knoblauch in einer großen, beschichteten Pfanne bei mittlerer Hitze anschwitzen. Die Mandeln dazu geben, 8 Minuten unter rühren köcheln, bis sie bräunlich sind, wobei der Knoblauch nach 4 Minuten entnommen wird. Die Mandeln mit einem Schaumlöffel herausnehmen und zur Seite stellen. Das restliche Öl in die Pfanne geben, auf volle Hitze stellen und das Gemüse hinzu geben. Unter häufigem Rühren ca. 5 Minuten braten, bis die Gemüsestreifen zartknusprig sind. Wieder auf mittlere Hitze stellen. Die restlichen Zutaten bis auf Salz und Pfeffer in einer kleinen Schale gründlich vermischen. Die Sojasoßen-Mischung zu dem Gemüse geben und etwa 2 Minuten kochen lassen. Mit Salz und Pfeffer abschmecken, die Mandeln darunter mischen und mit gedämpftem Reis servieren.

Zutaten für 4 Personen.

Hauptgerichte

■ Gegrillte Lachs-Steaks mit Mandeln

- 4 Lachsfiletstücke (je 200 g)
- 30 g Currypulver
- 30 ml Sonnenblumenöl
- 300 g gemischte Blattsalate
- 1 kleine Papaya
- ¼ rote Zwiebel
- 1 Tomate
- 10 große zweige Koriander
- 60 ml Mandelöl
- 30 ml Himbeeressig
- 50 g Californische Mandelblättchen (grob gehackt)
  Salz, Pfeffer

Lachsfilets salzen, pfeffern und mit Curry einreiben. Mit Sonnenblumenöl einstreichen und beiseite stellen.

Salat putzen, waschen und schleudern. Papaya schälen, halbieren und mit einem Löffel die Kerne entfernen. ¼ der Papaya in Scheiben schneiden und zum Dekorieren aufbewahren, den Rest würfeln. Die Zwiebel schälen, in feine Scheiben schneiden. Die Tomate grob würfeln, den Koriander hacken. Die Salatzutaten mit Mandelöl und Himbeeressig anmachen, mit Salz und Pfeffer abschmecken.

Die Lachsfilets in einer beschichteten Grillpfanne von beiden Seiten je 3-4 Minuten grillen und auf dem Salat servieren. Mit californischen Mandeln bestreuen und mit Papayascheiben verzieren.

Zutaten für 4 Personen.

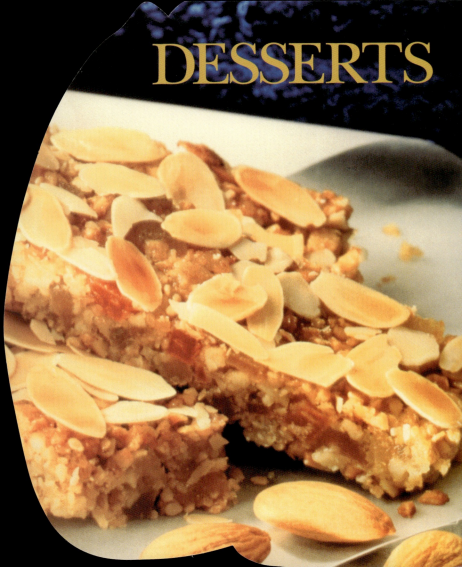

DESSERTS

Desserts

■ Mandel-Getreide-Riegel

150 g kernige Haferflocken
20 g Kleie
150 g brauner Zucker
50 g Margarine
60 g Honig
150 g ganze Californische Mandeln, gehackt
50 g fein gehackte Backpflaumen und Aprikosen

Den Backofen auf 175°C vorheizen (Gas Stufe 5) und ein etwa 18 x 18 cm großes Blech einfetten und auslegen. Haferflocken und Kleie in eine Rührschüssel geben. Zucker, Margarine und Honig in einem Topf erwärmen und schmelzen. Diese Mischung zu den trockenen Zutaten geben und gut verrühren. Dann die restlichen Zutaten hinzufügen und das Ganze auf das vorbereitete Blech geben. 20 - 25 Minuten lang backen, bis es goldbraun und fest ist. In Riegel schneiden und abkühlen lassen.

Ergibt 8 Quadrate.

Mandel-Schokoladen-Trüffel

- 50 g gemahlene Californische Mandeln
- 20 g Californische Mandelblättchen
- 40 g Aprikosen, fein gehackt
- 5 g Semmelbrösel
- 60 ml Mandellikör oder Aprikosenlikör
- 100 g Vollmilch- oder herbe Schokolade, in Stücken
- 15 g Californische Mandelsplitter, geröstet

Die gemahlenen Mandeln, die Mandelblättchen, die Aprikosen, die Semmelbrösel und den Mandellikör oder den Aprikosenlikör miteinander vermischen. Einen Teigball formen und ein paar Minuten lang leicht kneten. Dann daraus 14 gleich große Stücke machen und zu kleinen Bällchen formen. 10 - 15 Minuten kalt stellen. Die Schokolade langsam im Wasserbad zerlaufen lassen. Die Mandelbällchen nacheinander mit der Schokolade überziehen und auf ein Gitter legen. Mit den Mandelsplittern bestreuen und kalt stellen, damit der Schokoladenüberzug erhärtet.

Ergibt 14 trüffel.

Desserts

■ Financier Cakes

150 g Butter
50 g zum Einfetten der Formen
200 g Mehl
170 g Zucker
100 g Californische Mandeln, gemahlen
1   Prise Salz
4   Eiweiß
50   g Californische Mandelblättchen

Backofen auf 210°C vorheizen. 15 kleine Muffin - Formen mit einem Pinsel einfetten. Verwenden sie hierzu einen Teil der Butter. Butter in einem kleinen Topf zerlassen, bis sie leicht braun wird - jedoch nicht schwarz! Abkühlen lassen. Mehl, Zucker, gemahlene Mandeln und Salz in eine Rührschüssel geben und kräftig verrühren. In der Mitte des Teigs eine Kuhle formen, das Eiweiß hineingeben. Das Ganze mit einem Holzlöffel langsam und gleichmäßig verrühren, bis eine glatte, cremige Mischung entsteht. Die Butter langsam unter weiterem Rühren hinzufügen, bis der Teig glatt ist. Den Teig in die Backformen verteilen, jeweils nur bis zu ¾ füllen. Mandelblättchen darüber streuen. Auf ein Backblech geben und 15 Minuten auf der mittleren Backschiene backen. Den Ofen auf 175°C herunterstellen und weitere 5 Minuten backen. Dann den Ofen ausstellen und die Cakes noch 3 Minuten drin lassen. Auf einem Gitter abkühlen lassen.

Ergibt 15 kleine Cakes.

Mandeln in der küche

■ Knusprige Butter-Mandel Kekse

250 g cremige Mandelbutter
115 g weiche Butter
240 g leichter brauner Zucker
1   großes Ei
2   ml Mandelaroma
225 g Mehl
5   g Backpulver
10 g Salz
85 g geröstete Californische Mandeln, gewürfelt

Die Mandelbutter, die Butter, den braunen Zucker, das Ei und den Mandelextrakt zu einer leichten lockeren Creme verrühren. Mehl, Backpulver und Salz vermischen. Das Ganze zu einer cremigen Masse vermischen, die Mandelwürfel unterrühren. Daraus Bällchen von etwa 30 g Durchmesser formen. Auf ein nicht eingefettetes Backblech geben und mit einer Gabel flach drücken. Bei 175 Grad 15 Minuten backen, bis die Kekse leicht gebräunt sind. Auf einem Gitter abkühlen lassen und in luftdichten Behältern aufbewahren. Ergibt etwa 50 Kekse.

Mandelbutter

200 g ganze, geröstete Mandeln
5   g Salz
65 ml Mandel- oder Pflanzenöl

Die Mandel mit dem Salz in einer Küchenmaschine fein mahlen. Bei laufendem Motor langsam und gleichmäßig das Öl hinzufügen, bis die Mandelbutter entsteht. Ergibt etwa 250 g.

L'AMANDE est considérée comme un aliment de base essentiel mais aussi

Les Amandes

comme un trésor historique chéri dans le monde entier. Depuis des siècles, les amandes ont toujours eu une

dans La Cuisine

connotation sociale, ethnique et religieuse, de l'Amérique du Nord à l'Europe, en passant par l'Asie. Déjà citée dans la Bible, l'amande est réputée pour être un objet de valeur et un symbole d'espoir. D'un point de

Les amandes dans la cuisine

vue historique, l'amande a été vénérée comme un ingrédient précieux que l'on ajoutait aux pains des pharaons égyptiens, elle représentait également la source d'inspiration de nombreuses œuvres d'art. Dans l'ancienne Europe, l'amande était couramment utilisée dans la cuisine, non seulement comme arôme et agent épaississant, mais aussi pour favoriser la digestion. Aujourd'hui aliment courant dans plusieurs pays, l'amande "Jordan" est offerte comme un don, symbole de fécondité, de joie, d'amour, de santé et de richesse.

Riche en histoires et légendes, l'amande est toujours aussi populaire de nos jours. Sa saveur douce et son craquant irrésistible font d'elle le parfait ingrédient à grignoter ou à ajouter à une préparation culinaire. Alors, la prochaine fois que vous serez dans votre cuisine pour préparer un apéritif, une entrée ou un dessert, n'oubliez surtout pas de décorer, saupoudrer ou mélanger à votre convenance des amandes à vos plats. Quand il y a des amandes dans la cuisine, alors tout est possible!

Histoire de l'amande

Bien que sa provenance exacte reste inconnue à ce jour, l'amande serait originaire de Chine ou d'Asie centrale. Les explorateurs l'utilisaient comme aliment de base nutritif pour parcourir la "Route de la Soie", d'Asie à la Méditerranée. Peu de temps après,

Tout sur les amandes

les amandiers ont fleuri sous le climat méditerranéen, surtout en Espagne et en Italie où leur culture était intense.

Les amandiers ont été plantés pour la toute première fois en Californie, au milieu du XVIIIème siècle, par les prêtres franciscains espagnols. Au début, les arbres ne fleurissaient pas dans le climat frais et humide des régions côtières, mais lorsque les colons se sont déplacés à l'intérieur des terres, ils ont découvert les sols fertiles des vallées du centre qui offraient des conditions idéales pour la culture des amandiers. Cette zone, située entre les chaînes de montagnes de la Sierra Nevada et des côtes pacifiques, est aujourd'hui le cœur des plus vieux et des plus beaux arbres fruitiers. Les amandiers sont plantés sur des centaines d'hectares, et c'est là que plus de 75% des amandes produites dans le monde sont cultivées. Ces amandes sont consommées aux États-Unis et exportées dans près de 80 pays.

L'amande, côté santé

Classée en botanique dans la famille des fruits à noyaux, l'amande est l'ancêtre des nectarines, des pêches et des prunes. En comparaison avec toutes les autres noix, l'amande est celle que l'on trouve sous les formes les plus diverses. Non seulement elle est délicieuse, mais elle est également nutritive. Part entière d'un régime hypocalorique, l'amande est une excellente source d'énergie et est très pauvre en acides gras saturés. Sans cholestérol, elle est également riche en vitamine E, en magnésium, en protéines, en fibres, en phosphore, en calcium, en cuivre et en zinc.

En plus de ses qualités nutritives, l'amande possède un goût irrésistible. Ceci fait d'elle un ingrédient apprécié de tous qui s'avère idéal pour cuisiner et grignoter. Quelle que soit la manière dont vous l'utilisez (entière, effilée ou en poudre), l'amande de Californie vous apporte toutes les valeurs nutritives dont vous avez besoin chaque jour.

La Collective des Amandes de Californie

Depuis plus de 50 ans, la Collective des Amandes de Californie aide les producteurs et les distributeurs à améliorer les pratiques de culture en assurant la qualité et la sécurité du produit. Son rôle consiste également à informer le consommateur sur les valeurs nutritives et tous les usages des amandes de Californie.

Apéritif et snack

Les amandes dans la cuisine

■ Hors d'Œuvre aux Amandes de Californie

- 20 g de pain blanc sans la croûte
- 4 bouquets de persil sans la tige
- 75 g d'amandes de Californie hachées
- 45 ml de jus de citron
- 60 ml de lait
- 15 ml de miel liquide
- 30 ml d'huile d'olive
- 2 gousses d'ail écrasées
  Sel et poivre
- 175 ml de yaourt

Mettez le pain et le persil dans un mixer et hachez finement. Ajoutez les ingrédients restant et mélangez jusqu'à obtenir une pâte onctueuse. Versez dans un bol et servez avec des crudités de votre choix, telles des carottes, radis, tomates cerises ou céleri.

Pour environ 400 ml.

Apéritif et snack

■ Amandes aux Herbes et au Parmesan

- 70 g de parmesan râpé
- 5 g d'herbes italiennes
- 8 g demi d'ail moulu
- 2 g de paprika
- 10 g de sel
- 2 blancs d'œuf
- 300 g d'amandes de Californie entières

Préchauffez le four à 160°C. Dans un petit saladier, mélangez tous les ingrédients à l'exception des blancs d'œuf et des amandes. Mettez de côté. Dans un grand saladier, montez les blancs en neige jusqu'à ce qu'ils soient bien fermes. Ajoutez les amandes et mélangez doucement. Incorporez ensuite le premier mélange et remuez doucement. Huilez une plaque de cuisson à l'aide d'un pinceau. Disposez les amandes sur la plaque en une seule couche. Mettez à cuire à mi-hauteur pendant 15 minutes. Remuez doucement les amandes en les laissant sur une seule couche. Poursuivez la cuisson pendant encore 15 minutes et remuez doucement. Éteignez le four. Laissez les amandes pendant 20 minutes dans le four avec la porte entrouverte. Sortez du four et laissez refroidir complètement.

Pour environ 300 g.

Les amandes dans la cuisine

■ Snack Grillé aux Amandes

150 g d'amandes de Californie entières
100 g de céréales au blé, au riz ou au maïs
75 g de petits bretzels
100 g de céréales d'avoine grillé
100 g de graines de sésame, facultatif
10 g d'ail moulu
60 g de beurre fondu

Mettez les amandes sur une plaque sur une seule couche. Mettez-les dans le four froid et faîtes-les griller à 175°C pendant 8 à 12 minutes. Retournez de temps à autre pour que les amandes soient uniformément et légèrement grillées. Otez-les de la plaque et laissez-les refroidir. Ajoutez ensuite tous les ingrédients sauf le beurre, en remuant. Incorporez ensuite, doucement, le beurre tout en mélangeant pour napper les amandes de façon uniforme. Étalez le mélange sur une plaque et faîtes cuire à 175°C pendant 10 minutes en retournant de temps à autre, jusqu'à ce que le tout soit légèrement grillé. Laissez refroidir. Vous pouvez les conserver dans des boîtes hermétiques.

Pour environ 450 grammes.

Apéritif et snack

Tapenade d'Amandes et de Tomates

100 g de tomates séchées
   Eau chaude pour reconstituer
100 g d'amandes de Californie entières, grillées
80 ml d'eau
70 g d'olives en rondelles égouttées
180 ml d'huile d'olive
10 g de basilic sec
15 ml de jus de citron
2   gousses d'ail, grossièrement hachées
    Sel

Dans un bol, reconstituez les tomates en versant l'eau chaude. Laissez au moins 30 minutes. Pendant ce temps, hachez grossièrement les amandes dans un mixer. Réservez. Egouttez les tomates et placez-les dans le mixer avec le reste des ingrédients, excepté les amandes et le sel. Hachez jusqu'à obtenir un mélange onctueux. Ajoutez ensuite les amandes et continuez à hacher pour incorporer entièrement les amandes. Salez. Ajoutez un peu d'huile si nécessaire de façon à obtenir un mélange plus homogène, qui va s'épaissir. Servez avec des tranches de pain, des crackers ou des légumes. Couverte et placée au réfrigérateur, vous pouvez conserver la tapenade 2 semaines. Avant de servir, portez à température ambiante.

Pour environ 400 g.

Salades et accompagnements

Salades et accompagnements

■ Salade d'Automne aux Amandes

300 g de riz blanc et de riz sauvage cuit (ou 180 g riz sec mixte)
2   oranges, pelées et coupées en tranche
1   pomme, coupée en morceaux
20 g de raisins de Corinthe
50 g d'oignon rouge finement haché
400 g de blanc de poulet cuit et coupé en dés
75 g d'amandes de Californie entières et grillées
    Une vinaigrette allégée à l'orange

Mélangez tous les ingrédients, sauf la vinaigrette allégée à l'orange, dans un saladier. Incorporez la vinaigrette et remuez le tout. Mettez au frais 2-3 heures pour laisser les saveurs se mélanger.

La vinaigrette allégée à l'orange

80 ml d'huile d'amande ou d'huile d'olive
60 ml de jus d'orange frais
5   g de persil
10 ml de jus de citron
    Sel et poivre roir

Incorporez tous les ingrédients dans un saladier. Battez au fouet jusqu'à l'obtention d'un mélange parfait.

Pour 4 personnes.

Les amandes dans la cuisine

■ Pommes de Terre soufflées aux Amandes

- 4 pommes de terre de taille moyenne
- 30 g de beurre
- 75 ml de lait
- 2 œufs
- 25 g d'amandes de Californie en poudre
- 50 g d'emmental râpé
- 20 g d'amandes de Californie effilées
  Sel fin, poivre

Lavez les pommes de terre sans les peler. Mettez-les dans une casserole d'eau froide salée et faites-les cuire 40 à 50 mn selon leur taille. Vous pouvez également les faire cuire au micro-onde enveloppées dans un film plastique pendant 7 à 8 minutes. Préchauffez le four à 180 °C. Beurrez un plat à four avec 2 cuillerées à soupe de beurre. Quand les pommes de terre sont cuites, épluchez-les et mettez-les dans un mixer. Mixe les pour obtenir une purée. Ajoutez ensuite le beurre, le lait, le sel et le poivre. Cassez les œufs en séparant les blancs des jaunes. Ajoutez les jaunes d'œufs à la purée, puis les amandes en poudre et l'emmental râpé. Montez les blancs en neige ferme et incorporez-les délicatement à la préparation. Versez la préparation dans le plat. Parsemez le dessus avec les amandes effilées. Enfournez à mi-hauteur et laissez cuire 20 à 25 minutes jusqu'à obtenir un soufflé bien doré. Servez juste au sortir du four.

Pour 4 à 6 personnes

Salades et accompagnements

■ Brocoli et Choux-fleur, Vinaigrette aux Amandes

250 g de brocoli
250 g de chou-fleur
50 g d'amandes de Californie effilées, brunies
    Vinaigrette

Coupez le brocoli et le chou-fleur en petits morceaux et faites cuire dans l'eau bouillante pendant 5 minutes. Egouttez, mettez dans un bol et réservez. Pendant ce temps, pour faire la vinaigrette, mélangez vigoureusement tous les ingrédients dans un bol. Ajoutez les amandes dans le bol avec la vinaigrette, et remuez doucement jusqu'à ce qu'elles soient bien recouvertes. Vous pouvez servir ce plat chaud ou froid à votre convenance.

Pour 4 personnes.

La vinaigrette

20 ml d'huile d'olive
15 ml vinaigre de vin blanc
10 g de moutarde
5   g de sucre en poudre
1   piment rouge épépiné et coupé
20 g ciboulette hachée
    Sel

Les amandes dans la cuisine

■ Pointes d'Asperges, Sauce Creme aux Amandes

500 g de pointes d'asperges
    Sel
50 g d'amandes de Californie hachées
4 brins de fenouil
30 ml d'huile d'olive
15 ml de jus de citron
3 ml de miel
75 ml de yaourt
    Sel et poivre

Courbez les tiges des asperges jusqu'à ce qu'elles craquent. Faites cuire les asperges dans de l'eau bouillante salée pendant 7 à 9 minutes. Quand les asperges sont tendres, retirez-les délicatement de la casserole, égouttez-les et placez-les dans une assiette. Pendant ce temps, réalisez la sauce : mettez les amandes et tous les autres ingrédients, sauf un brin de fenouil, dans un mixer. Hachez-le tout finement. Ajoutez ensuite le brin de fenouil restant et mélangez jusqu'à obtenir un mélange onctueux (vous pouvez ajouter un peu de lait pour délier la sauce si nécessaire). Versez la sauce sur les pointes d'asperges et garnissez avec le fenouil restant.

Pour 4 personnes.

Plats de résistance

Fettucini aux Amandes de Californie

225 g de nouilles aux œufs très fines
30 g de beurre ou de margarine
40 g de Parmesan râpé
75 g d'amandes de Californie effilées et grillées
125 ml de crème fouettée
20 g d'oignon vert émincé
   Sel et poivre, à votre convenance

Faîtes cuire les pâtes dans une grande quantité d'eau salée. Egouttez-les. Dans la même casserole, faîtes fondre le beurre puis remettez les pâtes et remuez. Faîtes chauffer le tout en remuant doucement pendant deux minutes. Ajoutez ensuite le reste des ingrédients. Et remuez doucement pour tout mélanger. Servez de suite.

Pour 4 personnes.

Plats de résistance

Emincé de Poulet sur lit de Couscous aux Raisins Secs et Amandes

- 40 g d'amandes de Californie entières
- 60 ml d'huile d'olive
- 250 g de semoule de couscous
- 75 g de raisins secs
- 2 petits poireaux émincés
- 2 g de cannelle
- 10 g de sel
- 500 g de blancs de poulet

Faîtes revenir les amandes dans une poêle sans matière grasse jusqu'à ce qu'elles brunissent. Laissez-les refroidir puis hachez-les. Faîtes chauffer 10 ml d'huile dans une casserole et faites revenir la semoule de couscous avec les amandes de Californie jusqu'à ce que la semoule s'imprègne du goût. Sortez du feu. Versez ensuite un demi-litre d'eau sur la semoule et ajoutez les raisins, l'émincé de poireaux, la cannelle et le sel. Couvrez la casserole et laissez gonfler pendant 20 minutes. Pendant ce temps, faîtes sauter les tranches de poulet dans le reste d'huile. Disposez enfin le couscous dans quatre assiettes et placez le poulet sur le lit de couscous.

Pour 4 personnes.

Amandes Jade Sautées

- 30 ml d'huile végétale, en 2 fois
- 2 gousses d'ail, coupées en deux
- 40 g d'amandes de Californie entières mondées
- 800 g de légumes assortis, finement tranchés (vous pouvez par exemple choisir des carottes, des champignons, des poivrons, du céleri, des brocolis et des haricots verts)
- 200 ml d'eau
- 30 ml de sauce soja
- 10 g de maïzena
- 10 ml de sauce chili piquante
- Sel et poivre, à votre convenance

Chauffez à feu moyen 15 ml d'huile et l'ail dans une poêle. Ajoutez les amandes. Laissez dorer le tout environ 8 minutes en remuant. Après 4 minutes, retirez l'ail. Retirez ensuite les amandes avec une écumoire. Mettez-les de côté. Ajoutez le reste de l'huile dans la poêle. Et augmentez le feu au maximum. Rajoutez ensuite les légumes. Faîtes sauter, en remuant souvent, pendant environ 5 minutes jusqu'à ce que cela soit tendre et croquant. Réduisez à feu moyen. Pendant ce temps, incorporez le reste des ingrédients excepté le sel et le poivre dans un petit saladier, et mélangez le tout. Ajoutez cette préparation aux légumes et laissez mijoter environ 2 minutes. Assaisonnez avec du sel et du poivre. Ajoutez enfin les amandes. Servez avec du riz cuit à la vapeur.

Pour 4 personnes.

Plats de résistance

■ Saumon Grille aux Amandes

- 4 darnes de saumon
- 30 g de curry
- 30 ml d'huile d'olive
- 300 g de salade verte (mélange)
- 1 petite papaye
- ¼ d'oignon rouge de taille moyenne
- 1 tomate
- 10 brins de coriandre
- 60 ml d'huile d'amande
- 30 ml de vinaigre de framboise
- 50 g d'amandes de Californie hachées
  Sel, poivre

Salez et poivrez les darnes de saumon et saupoudrez de curry. Enduisez-les ensuite d'huile d'olive et mettez de côté. Lavez la salade. Pelez la papaye, coupez-la en deux et ôtez le noyau à l'aide d'une cuillère. Coupez-la ensuite en quatre. Gardez quelques tranches pour la décoration et coupez le reste en dés. Pelez l'oignon et émincez-le. Coupez la tomate en dés et hachez la coriandre. Mélangez les dés de papaye, l'oignon émincé, la tomate et la coriandre hachée avec la salade. Assaisonnez avec l'huile d'amande et le vinaigre de framboise. Salez et poivrez selon le goût. Faîtes griller les darnes dans une poêle entre 3 et 5 minutes de chaque côté. Servez sur la salade. Parsemez d'amandes et décorez avec les tranches de papaye.

Pour 4 personnes.

Desserts

Desserts

Barres de Céréales aux Amandes

150 g de flocons d'avoine
20 g de germe de blé
120 g de sucre roux
50 g de margarine
60 g de miel
150 g d'amandes de Californie entières, hachées
50 g de pruneaux et 100 g d'abricots secs, finement hachés

Préchauffez le four à 175°C. Beurrez et recouvrez de papier sulfurisé un moule de 18 x 18 cm. Mettez les flocons d'avoine et le germe de blé dans un saladier. Faîtes fondre le sucre, la margarine et le miel dans une casserole. Versez ensuite cette préparation sur les ingrédients dans le saladier en remuant bien. Incorporez le reste des ingrédients et versez ensuite dans le moule. Faîtes cuire 20-25 minutes jusqu'à ce que ce que la préparation soit ferme et légèrement dorée. Coupez en barres et laissez refroidir.

Pour environ 8 barres.

■ Truffes au Chocolat et aux Amandes

- 50 g d'amandes de Californie en poudre
- 20 g d'amandes de Californie effilées
- 40 g d'abricots, finement coupés
- 5 g de miettes de pain blanc
- 60 ml de liqueur d'amandes ou de brandy à l'abricot
- 100 g de chocolat au lait ou de chocolat noir, brisé en morceaux
- 40 g d'amandes de Californie, hachées et grillées

Mélangez les amandes en poudre et les amandes effilées, les abricots, les miettes de pain et la liqueur d'amandes ou le brandy à l'abricot. Formez une boule et pétrissez-la légèrement pendant quelques minutes. Divisez la pâte en 14 morceaux égaux et roulez-les en petites boules. Mettez au frais pendant 10-15 minutes. Pendant ce temps, faîtes fondre le chocolat au bain-marie. Nappez les boules d'amandes de ce chocolat une par une, et placez-les sur une grille. Parsemez d'amandes hachées et mettez au frais pour refroidir le chocolat.

Pour environ 14 truffes.

Desserts

■ Financiers

150 g de beurre
50   g pour les moules
200 g de farine
170 g de sucre glace
100 g d'amandes de Californie en poudre
1   pincée de sel
4   blancs d'œufs
50   g d'amandes de Californie effilées

Préchauffez le four à 210 °C (thermostat 7). Beurrez une vingtaine de moules rectangulaires à financiers ou à muffins à l'aide d'un pinceau avec du beurre bien mou. Faîtes fondre le beurre dans une petite casserole: ne le laissez surtout pas noircir. Laissez tiédir. Dans un saladier, mélangez la farine, le sucre glace, les amandes en poudre et le sel. Creusez un puits. Versez-y les blancs d'œufs et délayez peu à peu à la cuillère en bois, jusqu'à ce que toute la masse soit bien homogène. Incorporez alors le beurre en mince filet, tout en continuant à travailler la pâte jusqu'à ce qu'elle soit bien lisse. Répartissez-la dans les moules, en ne les remplissant que jusqu'aux trois-quarts de leur hauteur. Parsemez d'amandes effilées en surface. Disposez les moules sur la plaque du four, enfournez à mi-hauteur, laissez cuire 15 mn, puis baissez la température du four à 175°C (thermostat 6) et poursuivez la cuisson 5 mn. Eteignez alors le four et laissez-y les petits gâteaux encore 3 mn, mais pas plus pour ne pas les déssécher. Démoulez sur une grille juste au sortir du four. Laissez refroidir complètement avant de déguster.

Pour 15 pièces environ.

■ Cookies pur Beurre aux Amandes

250 g de beurre d'amandes
115 g de beurre ramolli
240 g de sucre roux
1 gros œuf
2 ml d'extrait d'amande
225 g de farine
5 g de levure chimique
10 g de sel
85 g d'amandes de Californie grillées hachées

Travaillez le beurre d'amandes, le beurre, le sucre roux, l'œuf et l'extrait d'amandes en pommade. Mélangez la farine, la levure et le sel puis incorporez-les dans la préparation. Ajoutez ensuite les amandes hachées. Roulez la pâte ainsi obtenue en petites boulettes d'environ 30 g de diamètre et placez-les sur une plaque de cuisson non beurrée. Aplatissez les boulettes avec une fourchette. Mettez au four à 175°C pendant 15 minutes jusqu'à ce que les cookies soient légèrement dorés. Glissez sur une grille et laissez refroidir complètement. Vous pouvez les conserver dans une boîte hermétique. Pour environ 54 cookies.

Beurre d'Amandes

200 g d'amandes de Californie entières, grillées
5 g de sel
65 ml d'huile

Dans un mixer, hachez les amandes et le sel finement. Ajoutez ensuite l'huile doucement jusqu'à obtenir le beurre d'amandes.

Pour environ 250 g.

Las Almendras

SIENDO la almendra una nuez conocida internacionalmente, se le aprecia atravez de todo el mundo por su rico sabor y por su valor histórico. Desde el continente

están en la cocina

Americano hasta el Europeo y Asiático, la almendra ha mantenido un significado étnico y religioso a lo largo de los siglos. La Biblia hace mencion de ella como un objeto de valor y un símbolo de esperanza. Históricamente se le ha reverenciado en alto grado como ingrediente en el pan que se ofrecía a los faraones de Egipto, y también ha sido la inspiración de varias obras de arte. En la antigua Europa comunmente se utilizaba a la almendra en la cocina no sólo para dar sabor a los alimentos o como un ingrediente para dar cuerpo a los platos principales, sino también se le valoraba por ayudar a la digestión. En la actualidad en varios países (como Jordania) se obsequia almendras como símbolo de fertilidad, felicidad, romance, buena salud y fortuna.

Su sabor único y su crujiente textura las hace un ingrediente perfecto en los alimentos o como aperitivo. Así es que la próxima vez que se encuentre usted en la cocina preparando algun aperitivo, plato principal o postre no se olvide de espolvorear, verter o mezclar almendras en sus platos. ¡Cuando hay almendras en la cocina, las posibilidades son ilimitadas!

La Historia de las almendras

Aunque se desconoce su orígen, se ha creído que las almendras son originarias de China y Asia Central. La almendra sirvió como un alimento nutritivo para los exploradores que viajaron a través de la llamada Ruta de Seda desde Asia hasta el Mediterráneo. Los almendros han florecido desde entonces en climas Mediterráneos, particularmente en España y en Italia donde fueron cultivados extensamente.

Todo acerca de las almendras

Los primeros almendros en California fueron plantados por los padres Franciscanos de España a mediados del Siglo XVIII. Al principio los árboles no se dieron bien en las regiones húmedas de la costa, pero una vez que los pioneros se fueron tierra adentro y encontraron las fértiles tierras del valle central, descubrieron un clima ideal para el cultivo de los almendros. Esta area situada entre la Sierra Nevada y las cordilleras del Océano Pacífico, es donde se encuentran algunos de los árboles más antiguos y hermosos que siguen floreciendo y dando fruto. Los almendros son plantados en gran cantidad en miles de acres a lo largo de California y es aquí donde se cosecha más del 75 por ciento de la producción mundial. Estas almendras se consumen en Estados Unidos y son exportadas a casi 80 países alrededor del mundo.

Nutrición y almendras

Categorizada botánicamente como una fruta, la almendra es un ancestro de frutos de hueso duro como los son los melocotones, nectarinas y ciruelas. A las almendras se les encuentra en formas más variadas que ningun otro frutosero y no sólo son deliciosas, sino también nutritivas. Como parte de una dieta saludable, las almendras nos surten de energía y son bajas en grasa saturada. Las almendras están libres de colesterol y son una excelente fuente de antioxidantes, vitamina E y magnesio. Tambien ofrecen proteínas, fibra, fósforo, calcio, cobre y zinc.

Las almendras están en la cocina

Los nutrientes que las almendras ofrecen, juntamente con su sabor irresistible, las hace un alimento completó como aperitivo o como ingrediente en la cocina. De cualquier forma que las consuma las almendras de California son una fuente fácil para obtener los nutrientes que necesita nuestro cuerpo diariamente.

La Agencia de Productores de Almendras de California

Dorante más de 50 años la Agencia de Productores de Almendras de California ha asistido a los productores y asociados a mejorar las prácticas de cultivo, garantizando la seguridad y calidad del producto; educando al consumidor sobre el valor nutritivo y la versatilidad de las almendras de California.

aperitivos y snacks

■ "Dip" Estilo California

- ¼ de taza (20 g) de miga de pan blanco
- 4 ramitas de perejil sin los tallos
- ¾ de taza (75 g) de almendras de California molidas
- 3 cucharadas soperas de jugo de limón
- 4 cucharadas soperas de leche
- 1 cucharada sopera de miel
- 2 cucharadas soperas de aceite de oliva
- 2 dientes de ajo pelados
  sal y pimienta al gusto
- ⅔ de taza (175ml) de yogurt natural

Pique finamente el pan junto con el perejil en una batidora. Agrege los demás ingredientes y batalos hasta obtener una pasta cremosa. Vierta la pasta en un tazón y sírvala rodeada de una selección de vegetales a su gusto.

Rinde 1½ tazas aproximadamente.

Aperitivos y snacks

■ Almendras con Hierbas y Queso Parmesano

¾ de taza (70 g) de queso Parmesano rallado
1 cucharada sopera de Hierbas Italianas, trituradas en un mortero
1 ½ cucharada de café de polvo de ajo
½ cucharada de café de pimentón rojo molido
1½ cucharadita de sal o al gusto
2 claras de huevo
2 tazas (300 g) de almendras al natural enteras de California

Precalentar el horno a 160°C. Mezcle en un tazón pequeño todos los ingredientes excepto las claras de huevo y las almendras, y reserve. En un tazón grande bata las claras a punto de nieve y tomen un color opaco. Agrege las almendras revolviendo pare cubrirlas bien, agrege la mezcla de queso a las almendras y revuelva con cuidado. Extienda las almendras en una sola capa sobre una bandeja de hornear y horneélas en la parrilla central del horno por 15 minutos. Suavemente revuelva las almendras y vuelva a extenderlas en una sola capa. Continue horneando las almendras por 15 minutos más; revuélvalas cuidadosamente una vez más. Apague el horno y deje que las almendras terminen de hornearse con la puerta del horno entreabierta por 20 minutos más. Sáquelas del horno y déjelas enfriar completamente; después sírvalas al gusto.

Rinde 2 tazas aproximadamente.

■ "Dip" de Cereal Tostado con Almendras

- 1 taza (150 g) de almendras de California al natural
- 2 tazas (100 g) de cuadritos de cereal de arróz, trigo o maíz
- 1½ tazas (75 g) de pretzels pequeños
- 1 taza de (100 g) cereal de avena tostada
- 1 taza (100 g) de palitos de pan con ajonjolí (opcional)
- 2 cucharadas de café de polvo de ajo
- ¼ taza (60 g) de mantequilla derretida

Extienda las almendras en una sola capa sobre una bandeja de horno y coloquela dentro del horno aún frío. Hornee a 175°C de 8 a 12 minutos revolviendo de vez en cuando hasta que se tuesten ligeramente. Remueva las almendras de la bandeja de horno para enfriarlas. Mezcle el resto de los ingredientes con las almendras excepto la mantequilla. Rocíe la mantequilla encima de la mezcla y revuelva ligeramente. Extienda la mezcla sobre la bandeja de horno y hornee una vez más a 175°C por 10 minutos más, revolviendo ocasionalmente hasta que se tueste ligeramente. Saque el "dip" del horno y una vez frío guárdelo en un contenedor hermético.

Rinde 1½ tazas aproximadamente.

Aperitivos y snacks

■ "Dip Tepanada" de Tomates Secos y Almendras

2	tazas (100 g) de tomates secos
	Agua caliente para remojarlos
⅔	de taza (100 g) de almendras enteras al natural y tostadas
⅓	de taza (80 ml) de agua
1	lata chica (70 g) de aceitunas rebanadas
12	cucharadas soperas de aceite de oliva
1	cucharada sopera de albahaca seca
1	cucharada sopera de jugo de limón
2	dientes de ajo pelados y picados
	sal al gusto

En un tazón remoje los tomates en agua caliente durante 30 minutos. Mientras tanto pique las almendras en un procesador de alimentos y resérvelas en un tazón. En el mismo procesador muela los tomates remojados y escurridos junto con el resto de los ingredientes, excepto las almendras y la sal hasta obtener una pasta suave. Agréguele las almendras a la mezcla y revuelva muy bien, sazone con sal al gusto.* Sírvase pan, galletas y vegetales crudos rebanados o úsese como pasta de untar para emparedados. Se puede guardar tapado hasta dos semanas; asegurese de que esté a temperatura ambiente antes de servirlo.

Rinde 1½ tazas aproximadamente.

*Para obtener una consistencia más suave prosiga con toques moderados, agregando más aceite; tome en cuenta que la pasta espesará con el paso del tiempo.

acompañantes y ensaladas

Acompañantes y ensaladas

■ Ensalada de Temporada con Almendras

3   tazas (300 g) de una mezcla de arróz blanco y silvestre, cocidos (o use 180 g de arroz mezcla)
2   naranjas peladas y cortadas en gajos
1   manzana cortada en cuadritos
2   cucharadas soperas de pasas pequeñitas
½   cebolla mediana roja picada
2   tazas (400 g cruda) de pechuga de pollo cocida, en cuadritos
½   taza (75 g) de almendras enteras al natural, tostadas y picadas
       Aderezo de naranja bajo en calorias

Combine todos los ingredientes en un tazón excepto el aderezo de naranja. Agregue el aderezo revolviendo ligeramente la ensalada y después póngala a enfriar de 2 a 3 horas para que los sabores se combinen.

Aderezo de Naranja bajo en Calorias

⅓   de taza (80 ml) de aceite de almendra o de olivo
¼   de taza de jugo de naranja natural
1   cucharada sopera de perejil picado
2   cucharadas soperas de jugo de limón
¼   cucharada de café de sal o al gusto
       una pizca de pimienta molida

Combine todos los ingredientes en un tazón y bátalos muy bien hasta que queden bien mezclados.

Rinde 4 porciones.

■ Soufflé de Patata con Almendras

- 4   patatas medianas
- ¼   taza (30 g) de mantequilla
- ⅓   taza (75 ml) de leche
- 2   huevos
- ¼   taza (25 g) de almendras molidas de California
- ½   taza (50 g) de queso emmental rallado
- 4   cucharadas (20 g) soperas de almendras al natural en láminas
  sal y pimienta al gusto

Lave las patatas y sin pelar póngalas a hervir en agua salada de 40 a 50 minutos hasta que se ablanden o cocínelas en el horno de microhondas de 7 a 8 minutos envueltas en plástico. Caliente el horno a 175°C. Engrase un molde refactario con 2 cucharadas de mantequilla. Cuando las patatas estén cocidas, corte una tapa en cada una de las patatas a lo largo y con una cuchara viértalas en la batidora electrica. Mezcle la pulpa de patata hasta formar un puré. Bata en el puré la mantequilla, leche, sal y pimienta. Separe los huevos y agregue las yemas al puré en la batidora junto con las almendras molidas y el queso. Aparte bata las claras a punto de nieve y suavemente incorpórelas al puré de patata. Vacíe la mezcla en el molde. Espolvorée con las láminas de almendra presionando con una cuchara y hornee en la parrilla central del horno de 20 a 25 minutos hasta que dore y esponje como un soufflé. Sirva inmediatamente.

Rinde 4-6 porciones.

Acompañantes y ensaladas

■ Plato Tibio de Brócoli y Coliflor en Vinagreta de Almendras

250 g de brócoli
250 g de coliflor
½ taza (50 g) de láminas de almendra tostadas
Vinagreta

Corte el brócoli y la coliflor en racimos pequeños y cocínelos en agua con sal por 5 minutos, escúrralos muy bien y guárdelos en un tazón. Mientras tanto, haga el aderezo mezclando todos los ingredientes en un frasco cerrado revolviendo vigorosamente hasta que queden muy bien incorporados. Revuélva cuidadosamente las almendras con los vegetales y el aderezo. Sirva al instante.

Vinagreta

1½ cucharadas soperas de aceite de oliva
1 cucharada sopera de vinagre de vino blanco
1 cucharada sopera de semillas de mostaza
½ cucharada de café de azúcar granulada
1 chile rojo sin semillas y cortado en tiritas
2 cucharadas soperas de cebollinos picados
  sal al gusto

Rinde 4 porciones.

Puntas de Espárragos con Crema de Almendras

½	kilo (500 g) de puntas de espárragos
	sal al gusto
⅓	taza (50 g) de almendras de California picadas
4	ramitas de eneldo
2	cucharadas soperas de aceite de almendra o de oliva
1	cucharada sopera de jugo de limón
½	cucharada de café de miel
5	cucharadas soperas de yogurt natural
	sal y pimienta al gusto

Asegúrese de quitar los extremos duros de los espárragos y cocínelos en agua con sal hirviendo de 7 a 9 minutos hasta que se ablanden. Sáquelos del agua y colóquelos sobre un plato. Mientras tanto haga la salsa comenzando con las almendras y el eneldo, excepto una ramita. Muela en el procesador de alimentos para picar finamente. Agrege el resto de los ingredientes y muélalos hasta obtener una pasta cremosa y suave, no muy suelta, agregándole un poco de leche si es necesario para obtener la consistencia deseada. Vierta la salsa sobre los espárragos, decore con la ramita de eneldo y sirva al gusto.

Rinde 4 porciones.

platos principales

■ Fettucini con Almendras Estilo California

225 g de tallarines delgados de huevo
⅛ de taza (30 g) de mantequilla o margarina
½ taza (40 g) de queso Parmesano rallado
¾ de taza (150 g) de almendras de California repeladas, revanadas y tostadas
½ taza (125 ml) de crema para batir, ya batida
2 cucharadas soperas cebollines verdes, salpimentados con pimienta negra al gusto

Cocine los tallarines en suficiente agua con sal en una olla grande siguiendo las instrucciones del paquete. Vierta los tallarines en un chino grande y en la misma olla ponga a derretir la mantequilla. Agregue los tallarines, deje cocinar durante dos minutos y revuelva cuidadosamente. Agregue el resto de los ingredientes revolviendo con cuidado y sirva inmediatamente.

Rinde 4 porciones.

Platos principales

■ Pechuga de Pollo sobre Couscous con Almendras y Pasas

- ¼ taza (40 g) de almendras de California enteras al natural
- 4 cucharadas soperas de aceite de oliva
- 1⅔ de taza (250 g) de couscous
- ½ de taza (75 g) de pasas
- 2 puerros pequeños rebanados y enjuagados
- ½ cucharada de café de canela molida
- ½ cucharada de café de sal
- ½ kilo de pechuga de pollo

Tueste las almendras en seco ligeramente en una sartén, deje que se enfríen y después córtelas en trocitos. Caliente 2 cucharadas de aceite en una sartén honda y fría el couscous junto con las almendras hasta que el couscous deje escapar su aroma. Retire del fuego y agréguele 2 tazas (500 ml) de agua caliente y mezcle, agregándole las pasas, el puerro rebanado, la canela y la sal. Tape la sartén muy bien y deje remojar la mezcla por 20 minutos. Rebane la pechuga de pollo y fríala en el aceite sobrante con sal y pimienta al gusto. Reparta el couscous en 4 porciones, colóquele rebanadas de pollo encima y sirva caliente.

Rinde 4 porciones.

■ Salteado "Jade" de Vegetales con Almendras

- 1½ cucharadas soperas separadas de aceite vegetal
- 2 dientes de ajo cortados a la mitad
- ¼ de taza (40 g) de almendras enteras repeladas
- 8 tazas de vegetales variados finamente rebanados (incluya zanahorias, setas, pimientos, apio, brócoli y judías verdes en vaina)
- ¾ taza (200 ml) de agua
- 2 cucharadas soperas de salsa de soya
- 1¾ cucharadas soperas de fécula de maíz
- 2 cucharadas de café de salsa picante
- sal y pimienta al gusto

En una sartén grande de teflón caliente una de las cucharadas de aceite a fuego medio y tueste las almendras por 4 minutos junto con los ajos moviendo constantemente; vacie los ajos en un tazón y continue tostando las almendras por otro 4 minutos. Aparte las almendras. Agregue el resto del aceite a la misma sartén y a fuego alto salte los vegetales, cocínelos por 5 minutos revolviéndolos seguido para que queden crujientes y suaves al mismo tiempo. En un tazón pequeño revuelva el resto de los ingredientes excepto la sal y la pimienta, agrege ésta mezcla a los vegetales y deje que se cocinen por 2 minutos más. Sazónelos con sal y pimienta al gusto y después mézcleles las almendras; sírvalos con arróz cocinado al vapor.

Rinde 4 porciones.

Platos principales

■ Salmón Asado con Almendras

- 4 bistecs de salmón
- 4 cucharadas soperas de polvo de curry
- 4 cucharadas soperas de aceite de oliva
- ½ manojo de hojas de lechuga variadas en juliana
- 1 papaya pequeña
- ¼ de cebolla morada mediana, en rodaja delgadas
- 1 tomate, en cuadritos pequeñas
- 10 ramitas pequeñas de cilantro, picado
- 4 cucharadas soperas de aceite de almendra
- 2 cucharadas soperas de vinagre de frambuesa
- ⅓ taza (50 g) de almendras de California picadas
  sal y pimienta al gusto

Espolvoree sal, pimienta y polvo de curry sobre el salmón. Rocíe el aceite de oliva sobre los filetes y resérvelos. Lave la lechuga, pele la papaya; córtela por mitad y vacíele la semillas con una cuchara. Corte la papaya en cuartos y después corte tres de las rebanadas en cuadritos, guarde una de las rebanadas para decorar los platos. Mezcle la papaya junto con la cebolla, el tomate, el cilantro picado y la lechuga. Ponga esta ensalada a marinar con el aceite de almendra, el vinagre de frambuesa, sal y pimienta al gusto. Cocine el salmón sobre una parrilla o en una sartén de 3 a 4 minutos por cada lado y sírvalo con la ensalada. Espolvoreele las almendras picadas y decore con rebanaditas de papaya.

Rinde 4 porciones.

postres

Postres

■ Barritas de Cereal con Almendras

1¾ de taza (30 gr) de copos de avena
2 cucharadas soperas de salvado
½ taza (120 gramos) de azúcar morena
¼ de taza de margarina
4 cucharadas soperas de miel
1 taza (150 g) de almendras al natural enteras de California, cortadas en trocitos
½ taza (50 g) de ciruelas pasa y albaricoques secos, picados

Caliente el horno a 175°C, engrase y cubra con papel de hornear un molde de metal de 18 x18 cms. Coloque los copos de avena y el salvado en un tazón. En una pequeña sartén honda derrita juntos el azúcar, la margarina y la miel. Mezcle muy bien los ingredientes derretidos con el cereal, las almendras y la fruta seca. Vierta la mezcla dentro del molde preparado. Hornee de 20 a 25 minutos hasta que tome un color dorado y déjela enfriar un poco. Corte en barritas y después deje que se enfrien completamente antes de sacarlas y guardarlas.

Rinde 8 barritas.

Las almendras están en la cocina

■ Trufas de Chocolate con Almendras

- ½ taza (50 g) de almendras de California molidas
- ¼ de taza (20 g) de láminas de almendra de California
- ¼ de taza (40 g) de albaricoques secos finamente picados
- ⅓ de taza (5 g) de migas de pan
- 4 cucharadas soperas de licor de almendra o de brandy de albaricoque
- ⅔ de taza (100 g) de tabletas de chocolate normal o con leche, cortado en trocitos
- ¼ de taza (40 g) de almendras enteras naturales de California, tostadas y cortadas en trocitos

Mezcle las almendras molidas junto con las láminas de almendra, los albaricoques, las migas de pan y el licor de Amaretto o el brandy de albaricoque. Amase la mezcla suavemente y divida la masa en 14 porciones iguales y fórmelas en bolitas. Póngalas a enfriar de 10 a 15 minutos. Derrita el chocolate al baño María y sumerja por separado cada bolita en el chocolate poniéndolas a escurrir sobre una parrilla de metal. Espolvoreélas con los trocitos de almendra y reboce las trufas hasta que se pongan firmes.

Rinde 14 piezas.

Postres

■ Bizcochos de Financista

- ⅔ de taza (150 g) de mantequilla
- ¼ de taza (50 g) de mantequilla para engrasar moldes
- 1⅔ tazas (200 g) de harina
- 1⅔ tazas (170 g) de azucar glass
- 1 taza (100 g) de almendras molidas de California
   pizca de sal
- 4 claras de huevo
- ⅔ taza (50 g) de láminas de almendra de California

Caliente el horno a 210°C. Engrase con mantequilla unos 15 moldes individuales. Derrita el resto de la mantequilla en una sartén pequeña hasta que tome un color café dorado teniendo cuidado de no quemarla y dejela enfriar. Mezcle bien la harina en un tazón junto con el azúcar, las almendras molidas y la sal. Haga un dueco en el centro y agregue las claras de huevo mezclando gradualmente con una cuchara de madera hasta obtener una masa suave y uniforme. Sin dejar de mezclar agregue despacio la mantequilla derretida hasta que la masa quede bien incorporada y suave. Llene los moldes individuales a ³/₄ de su capacidad (50 g) con la masa. Espolvoree las láminas de almendra sobre cada uno de los bizcochos. Coloque los moldes individuales sobre una bandeja de hornear y hornee por 15 minutos en la parrilla de enmedio del horno. Reduzca la temperatura a 175°C y continue horneando 5 minutos más; apague el horno y deje que los bizcochos terminen de hornearse por 3 minutos más antes de sacarlos y dejarlos enfriar sobre una parrilla.

Rinde 15 bizcochos aproximadamente.

Galletas Crujientes de Crema de Almendra

- 1 taza de crema de almendra (siguiente receta)
- ½ taza (115 g) de mantequilla a temperatura ambiente
- 1 taza (240 g) de azucar morena
- 1 huevo
- ½ cucharada de café (2 ml) de extracto de almendra
- 1½ tazas (225 g) de harina
- ½ cucharada de café de bicarbonato de sodio
- ½ cucharada de café de sal
- ½ taza (85 g) de almendras tostadas, cortadas en trocitos

Bata la crema de almendra con la mantequilla, el azúcar morena, el huevo y el extracto de almendra, hasta obtener una mezcla esponjosa. Sin dejar de batir, agregue la harina, el bicarbonato y la sal hasta formar una masa cremosa. Agregue las almendras y forme con la masa bolitas de 30 g de peso cada una. Colóquelas en una bandeja de horno sin engrasar y aplaste las galletas con un tenedor. Hornee a 175°C durante 10 minutos hasta que se doren ligeramente. Déjelas enfriar en parrillas y guarde las galletas en un contenedor hermético. Rinde 4½ docenas aproximadamente.

Crema de Almendra

- 1 ⅓ tazas (200 gr) de almendras tostadas enteras
- 1 pizca de sal
- 4½ cucharadas soperas de aceite de almendra o vegetal

En un procesador de alimentos muela las almendras junto con la sal hasta pulverizarlas; sin dejar de procesar agregue despacio el aceite hasta formar una pasta suave y uniforme. Rinde 1 taza (250 ml) aproximadamente.

■ Roasting and toasting tips

Roasting or toasting any form of almond will enhance and intensify its flavor, adding depth and richness to any dish.

To roast:

Spread almonds in a single layer in a shallow pan coated lightly with butter, margarine or oil. Roast at 350°F 8-10 minutes, stirring occasionally until almonds are fragrant. Almonds will continue to brown when removed from oven.

To toast:

Use a dry pan and proceed as above.

■ Tipps zum rösten

Das Rösten von Mandeln intensiviert und verbessert den Geschmack und verleiht Gerichten mehr Tiefe und Fülle.

Zum rösten:

Verteilen Sie die Mandeln in einer Schicht in einer flachen Pfanne, die leicht mit Butter, Margarine oder Öl ausgestrichen ist. Alternativ können sie auch eine beschichtete Pfanne verwenden, für die kein Fett benötigt wird. Bei 180°C 8-10 Minuten rösten und dabei gelegentlich rühren, bis die Mandeln leicht bräunlich sind. Nach dem Entfernen vom Ofen bräunen die Mandeln noch etwas nach.

Almonds are in the kitchen

Anbräunen:

Verwenden Sie eine beschichtete Pfanne ohne Fett oder Butter und verfahren Sie wie oben beschrieben.

■ Conseils pour griller vos amandes

En grillant vos amandes, quelle que soit leur forme, avec de la matière grasse ou à sec, vous intensifierez leur saveur et donnerez plus de richesse et de goût à vos plats.

Griller avec matières grasses:

Répartissez les amandes en une seule couche dans un plat peu profond, légèrement enduit de beurre, de margarine ou d'huile. Faites les griller pendant 8 à 10 minutes à 180° C, en remuant de temps en temps, jusqu'à ce qu'elles brunissent légèrement. Les amandes continueront à brunir une fois sorties du four.

Griller à sec:

Procédez de la même manière, mais sans utiliser de matière grasse.